# Postres
# EN FORMA

# Índice

# Introducción
# y conceptos básicos

# No se trata de trabajar duro, sino de trabajar inteligentemente.

En este libro no solamente te traigo mis recetas favoritas al momento de hacer dulces saludables para los antojos y la ansiedad, sino que también quiero enseñarte una nueva forma de hacer las cosas. Una nueva y sencilla forma de cocinar y de que hagas tus PROPIAS RECETAS, pero a un estilo fit, más saludable, con más nutrientes y con menos culpa, lo más fácil posible, con alimentos básicos que todos tenemos en casa, sin necesidad de productos rebuscados.

Mi vocación, como seguramente ya debes haberte dado cuenta en mis redes sociales, está siempre orientada a enseñar. En palabras simples: a quien necesita comer, no me gusta darle el pescado para que coma una vez y ya, sino que prefiero enseñarlo a pescar para que coma el resto de su vida por sí mismo. La idea con este libro no solamente es darte recetas ya calculadas, sino que también aprendas a reinventarte tú mismo con las tuyas propias y que dejes volar tu creatividad para que hagas de nuevo todo lo que ya sabes, pero de una forma más saludable, que te perjudique menos y te nutra más, ayudándote a alcanzar tus objetivos más fácilmente.

Una de las reglas más importantes para tener éxito en la vida y lograr nuestros objetivos es saber aliarse con las personas adecuadas en el momento adecuado. Nadie es perfecto ni lo sabe absolutamente todo. Todos somos genios en algún área e ignorantes en otras. Aplica para todo y para todos. Yo, por ejemplo, manejo perfectamente todo lo relacionado al fitness. Es mi especialidad, mi pasión, lo que llevo años estudiando, practicando y enseñando.

Mientras que, por otra parte, ser chef no es lo mío. Cocinar y hacer recetas para que algo más allá de cumplir tu requerimiento nutricional, sepa rico, no es mi fuerte. Claro que sé cocinar y muchas comidas me quedan ricas, así como también invento y muchas me quedan buenas, pero no es mi fortaleza principal, no es un talento con el cual destaque y ustedes muy bien saben que yo detesto la mediocridad, por eso solo trabajo con los mejores para dar lo mejor siempre.

Es por eso que me he aliado con Stefania Pepi (@stefypepi) para elaborar este recetario. Su talento en repostería y en la elaboración de postres es increíble. Así que, en palabras simples: este libro es el resultado de la unión de conocimiento entre alguien que hace los mejores y más ricos postres, con alguien que maneja a la perfección toda la ciencia detrás de cada preparación en cuanto a lo nutricional, para que no sea algo que te perjudique tu dieta y tu salud, sino que sea algo positivo para ti. Que te permita sentir el placer de comer algo divino sin que eso signifique un retroceso en tu progreso.

Volviendo a lo de antes, para entender cómo funciona todo y cómo hacer para reinventarte tus propias recetas de una forma más fitness, es de vital importancia que sepas que NO existen alimentos que engorden o que adelgacen.

Sí, sé que te costará creerlo, pero es así y no es mi opinión ni se trata de "la dieta de @aleenforma" porque no soy gurú de nada ni tengo "la nueva dieta de moda". Es simplemente ciencia y yo como científico egresado de la Facultad de Ciencias de la Universidad Central de Venezuela, tengo el compromiso moral y ético de confrontar siempre a la mentira y hablar con la verdad.

Para entender un poco mejor esto de que ningún alimento engorda o adelgaza, fíjense en esto: Comas como comas y hagas lo que hagas, siempre caerás en alguno de estos 3 posibles casos:

- **Caso 1:** Ingieres menos calorías de las que tu cuerpo requiere diariamente para mantenerse. Resultado: Pierdes peso.

- **Caso 2:** Ingieres las mismas calorías de las que tu cuerpo requiere diariamente para mantenerse. Resultado: Mantienes tu peso.

- **Caso 3:** Ingieres más calorías de las que tu cuerpo requiere diariamente para mantenerse. Resultado: Aumentas de peso.

### ¿Por qué ocurre esto?

Si estás ingiriendo menos calorías de las que tu cuerpo requiere diariamente para mantenerse, tu cuerpo obtendrá el restante a partir de él mismo. Es decir, va a empezar a consumir sus propios tejidos musculares y de grasa corporal. El músculo y la grasa pesa, así que perderás peso. Por otra parte, si estás ingiriendo más calorías de las que tu cuerpo requiere diariamente para mantenerse, el restante será almacenado como grasa corporal y/o empleado para la construcción de nuevos tejidos musculares. Así que aumentarás de peso.

### ¿De dónde vienen estas calorías?

De los macronutrientes que te aportan los alimentos. Es decir, de las proteínas, los carbohidratos y las grasas.

Bien, ahora, otro de los aspectos que debemos entender muy bien es el siguiente:

- Cualquier alimento que comas, sea cual sea, siempre se va a traducir simplemente en cierta cantidad de proteínas, carbohidratos y grasas. Y esto a su vez se traduce en cierta cantidad de calorías.

- Cada persona es diferente. Cada quien tiene un metabolismo distinto, composición corporal, masa muscular, porcentaje de grasa, factores hormonales, etc., diferentes, que hacen que su requerimiento nutricional diario para mantener su peso y su composición corporal sea diferente. Es decir, cada persona requiere una diferente cantidad total diaria de proteínas, carbohidratos, grasas y calorías para mantener su peso.

Es por ello que no existen alimentos que engorden o que adelgacen. Lo que te engorda o adelgaza es exceder o no llegar a tus requerimientos nutricionales diarios.

Pero ya va, no creas que entonces es lo mismo comerte mil calorías de azúcar a mil calorías de pollo simplemente porque son las mismas calorías. NO, no es lo mismo. Es muchísimo más complejo, además que entran en juego otros factores como la calidad de esa proteína, de ese carbohidrato y de esa grasa, cuáles y cuántos micronutrientes te aporta, cuánta fibra te aporta, etc. Pero ya para explicar esto más a fondo tendría que escribir otro libro entero únicamente dedicado a eso (que seguramente lo haga pronto). Así que, por ahora, vamos a mantenernos con los conceptos más simples y básicos para entender lo fundamental.

A este punto seguramente estés pensando: "Pero si ningún alimento engorda o adelgaza, ¿cómo es eso entonces de que hay recetas fitness sin perjudicarse?" Pues sigamos entrando en materia para que se pueda entender, poco a poco.

De forma general, existe una relación entre la tendencia a perjudicarte que puede tener un alimento y su aporte nutritivo. Es decir, mientras menos micronutrientes (vitaminas y minerales) y fibra te aporte un alimento, es más probable que tienda a entorpecer tu progreso y desviarte hacia un exceso calórico y una indeseada ganancia de grasa corporal. Es por ello que los alimentos procesados y azúcar de mesa no son tan convenientes para una dieta saludable.

El azúcar de mesa, por ejemplo, te aporta calorías pero sin ningún valor nutricional. Por eso se les llama "calorías vacías". Al comer azúcar, estás sumando calorías y carbohidratos a tu dieta diaria pero sin cumplir tus requerimientos nutricionales en micronutrientes, que seguirán estando presentes, por lo cual vas a tender a caer en excesos que se almacenarán como grasa corporal. Sin mencionar que el azúcar de mesa se digiere muy rápido, por lo cual su poder de saciedad es nulo. Calorías que no te nutren ni te llenan. Además, promueven una mayor respuesta de insulina para contrarrestar la subida brusca en tus niveles de azúcar en sangre, lo cual tampoco es conveniente para una dieta saludable en la que puedas progresar.

La densidad calórica es otro factor muy importante que debemos tomar en cuenta. Significa qué tantas calorías te aporta un alimento por determinada cantidad que comas. Por ejemplo, si 100g de un alimento "X" te aporta 200kcal y 100g de un alimento "Y" te aporta 50kcal, entonces el alimento X tiene una mayor densidad calórica que el alimento Y.

La papa, por ejemplo, tiene una densidad calórica muy baja. Por cada 100g, aproximadamente solo 17g son carbohidratos. Mientras que el azúcar tiene una densidad calórica muy alta, por cada 100g todos los 100g son carbohidratos. El pan, por ejemplo, tiene una densidad calórica intermedia. Por cada 100g de pan, aproximadamente la mitad son carbohidratos.

Comparando al mismo peso, por ejemplo 100g de pan Vs. 100g de papa, podemos decir que ambos te llenan lo mismo. Es decir, te llenan 100g. Sin embargo, si lo haces con papa, solo ingeriste 17g de carbohidratos, mientras que si lo hiciste con pan, ingeriste alrededor de 50g de carbohidratos (¡más del doble de la papa!). Entonces, si estás haciendo una dieta hipocalórica para perder grasa (que entra en el caso 1, que ingieres menos calorías al día de la que requieres para mantener tu peso), ¿qué carbohidrato es más conveniente comer, la papa o el pan? Obviamente la papa, porque en una dieta baja en calorías es probable que te dé más hambre de lo normal. Tu cuerpo te va a pedir las calorías que no le estás dando. Con la papa podrás comer más cantidad que comiendo pan, porque te aporta menos carbohidratos, lo cual hará que tu dieta sea más fácil de llevar y que puedas alcanzar tus objetivos más fácilmente sin necesidad de pasar hambre y estar sufriendo.

Y no es que el pan te vaya a engordar, o que engorde más que la papa, NO, porque no existen alimentos que engorden o que adelgacen, pero existen alimentos más convenientes que otros de acuerdo al objetivo que estés persiguiendo.

Volviendo con el azúcar, podemos sustituirla por algún edulcorante artificial sin calorías como por ejemplo la stevia. Te va a endulzar lo mismo pero sin aportarte las indeseadas calorías vacías del azúcar, sin picos de insulina y sin afectar tu dieta en lo absoluto.

Además, tu paladar tampoco se va a percatar de que cambies el azúcar por Stevia. El resultado va a ser el mismo, sólo que sin perjudicarte. Cambios como éste son los que tenemos que aplicar en las recetas que nos inventemos para que nuestras preparaciones tengan menos calorías y que esas calorías sean más nutritivas, con más micronutrientes, más proteínas y más fibra.

Generalmente los postres contienen una elevadísima y muy desbalanceada cantidad de carbohidratos (de azúcar además su mayoría) y de grasa, a la vez que carecen de proteínas, micronutrientes y fibra. Debemos encontrar alternativas equivalentes para los ingredientes que solemos utilizar, que cumplan el mismo trabajo, pero que sean menos calóricos y más nutritivos, con menos azúcar y menos grasas (y que además las grasas que utilicemos sean saludables, como por ejemplo las de las almendras en vez de la margarina) con más proteínas y más fibra. Por ejemplo, podemos hacer las siguientes sustituciones:

- Azúcar por stevia.
- Harina de trigo procesada por avena o harina de avena.
- Yogur dulce por yogur griego sin azúcar.
- Leche entera por leche descremada.
- Chocolate por cacao.
- Aceite vegetal tradicional por aceite de oliva o de aguacate.
- Mantequilla por frutos secos (depende del caso).
- Emplear menos yemas y más claras de huevo (no porque la yema sea mala, sino porque su contenido de grasa y colesterol es alto, por lo cual tenderemos a exceder nuestro requerimiento más fácilmente).
- Entre muchas otras.

De esta manera, podrás darte gustos más saludables que podrán encajar mucho mejor en tu requerimiento nutricional diario, sin que vayan a perjudicarte tanto como un postre tradicional. Incluso, muchos podrían incluso ser tan nutritivos que encajen perfectamente como una de tus comidas principales. Al cambiar tus hábitos, cambiará tu cuerpo. Recuerda que eres lo que comes.

Pero claro, nunca olvides tampoco que no solamente basta con qué comemos sino también en qué medida lo hacemos, por la misma razón de que no existen alimentos que engorden o que adelgacen. Por muy saludable que comas, así sea pollo a la plancha con vegetales, si te excedes, igualmente vas a almacenar grasa corporal. Sólo que claro, es mucho más difícil llegar a un exceso comiendo pollo a la plancha con vegetales que comiendo papas fritas, por ejemplo. Lo mismo pasa con los postres fit.

No vas a adelgazar porque los comas ni vas a engordar, todo depende de tu requerimiento nutricional diario. Sólo que claro, te harán la vida mucho más fácil porque te nutrirán mucho más y te harán más difícil llegar a ese exceso, permitiéndote darte más gustos perjudicándote menos.

Es muy fácil cuando buscas simplemente mantener tu peso y tu cuerpo en su condición actual, de forma saludable, sin preocuparte mucho por la dieta. Simplemente basta con que hagas ejercicio regularmente y comas de forma saludable y balanceada, evitando excesos en general. Con ello podrás mantenerte sin problema. Este recetario es ideal para quienes tienen este objetivo.

Ahora, si tu objetivo no es mantenerte sino PROGRESAR, perder grasa, aumentar masa muscular, definir, tonificar, etc., sí es importante que seas más estricto con la dieta porque allí cada detalle cuenta y debes llevar un balance específico en tu dieta calculado por un profesional calificado de forma específica para tu objetivo planteado, al igual que la rutina de entrenamiento. En ese caso te aconsejo que los postres fit los dejes para tus días libres o que lo encajes en tu requerimiento nutricional diario de una forma que no vaya a desbalancear tu dieta.

Sin más por ahora,

## ¡EMPECEMOS!

# Recetario fitness

# Crema de Choco - Maní

Ideal para momentos de ansiedad y antojos, sin perjudicarse.

Dificultad: Baja

# Ingredientes

- 100g mantequilla de maní.
- 30g cacao en polvo.
- 7-8 sobres de edulcorante artificial sin calorías (stevia). (O al gusto).

# Preparación

1) Mezcla todo. ¡Y listo!

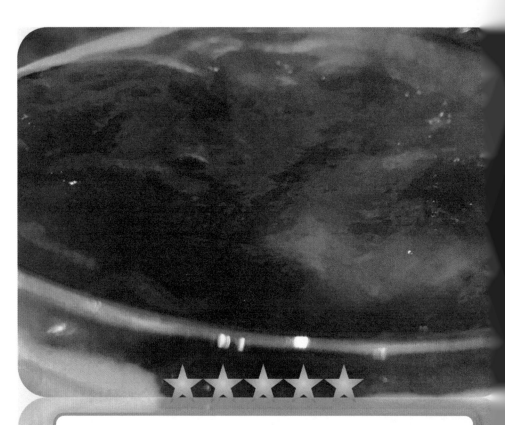

★★★★★

# Mermelada de Fresas Fit

Ideal para momentos de ansiedad y antojos, sin perjudicarse.

Dificultad: Media

# Ingredientes

- 500g de fresas.
- 15 sobres de edulcorante artificial sin calorías (stevia). (O al gusto).
- 500ml de agua.
- 5g de gelatina neutra.

# Preparación

1) Coloca en una olla las fresas previamente lavadas, habiendo retirado las hojas, junto al agua.
2) Déjalas cocinando a fuego lento durante aproximadamente media hora, removiendo de vez en cuando la mezcla con una cuchara de madera para que no se pegue al fondo. Agrega la gelatina y continúa el proceso aproximadamente media hora más hasta que las fresas estén deshechas y la mezcla haya espesado.
3) Déjala enfriar y luego refrigérala.

# Helado de Chocolate Fit

Ideal para momentos de ansiedad y antojos, nutriendo al mismo tiempo. Cuenta como una merienda.

Dificultad: Baja

# Ingredientes

- 35g de proteína de chocolate (caseína preferiblemente. Si no, se puede emplear whey protein).
- 150g de yogur griego descremado sin azúcar.
- 4 sobres de edulcorante artificial sin calorías (stevia).
- 15g de almendras.

# Preparación

1)  Coloca el yogur en el congelador durante aproximadamente una hora.
2)  Pasa las almendras por un procesador o licuadora.
3)  Una vez pasado este tiempo, en un bowl vierte el yogur junto con la proteína, las almendras procesadas y el edulcorante.
4)  Revuelve hasta obtener una mezcla homogénea con consistencia de helado.
5)  Sírvelo en moldes individuales.

# Pudín de Auyama

Ideal para momentos de ansiedad y antojos, nutriendo al mismo tiempo. Cuenta como una merienda.

Dificultad: Media

## Ingredientes

- 250g de auyama (calabaza).
- 300g de yogur griego descremado sin azúcar.
- 20g de maicena.
- 25g mantequilla de maní.
- Vainilla al gusto.
- 6 sobres de edulcorante artificial sin calorías (stevia). (O al gusto).
- 5g de canela (o al gusto).
- 5g de nuez moscada (o al gusto).

## Preparación

1) Hierve la auyama hasta que esté blanda, retírala y machácala hasta volverla puré.
2) Coloca todos los ingredientes en una olla, deja cocinar a fuego lento y remueve constantemente hasta obtener una mezcla espesa.
3) Vierte la mezcla en moldes individuales y refrigera durante 3 horas.
4) Puedes colocarle almendras, uvas pasas o canela polvoreada por encima al momento de servir.

# Pancakes Proteicos de Chocolate

Ideal para el desayuno o cualquier principal. Es una comida completa, balanceada y nutritiva.

Dificultad: Media

## Ingredientes

- 2 claras de huevo.
- 50ml de leche descremada.
- 35g de avena en hojuelas.
- 35g de whey protein (o caseína) de chocolate (o del sabor de tu preferencia).
- 10g de cacao.
- 5g polvo para hornear.
- 2 sobres de edulcorante artificial sin calorías (stevia). (O al gusto).

## Preparación

1) Licúa todos los ingredientes hasta obtener una mezcla homogénea.
2) Calienta una sartén antiadherente, úntala con un poco de aceite de oliva y espárcelo con una servilleta.
3) Agrega un poco de la mezcla al sartén y cocina a fuego lento hasta que se dore por ambos lados.
4) Puedes untarlas con syrup de maple sin azúcar y bajo en calorías si gustas.

# Pancakes Proteicos sabor
## Manzana - Canela

Ideal para el desayuno o cualquier principal. Es una comida completa, balanceada y nutritiva.

Dificultad: Media

# Ingredientes

6 claras de huevo.
15g leche descremada en polvo.
35g de avena en hojuelas.
1 manzana verde pequeña.
5g polvo para hornear.
3 sobres de edulcorante artificial sin calorías (stevia). (O al gusto).
5g canela.

# Preparación

1) Licúa todos los ingredientes hasta obtener una mezcla homogénea.
2) **Calienta una sartén antiadherente, úntala con un poco de aceite de oliva y espárcelo con una servilleta.**
3) Agrega un poco de la mezcla al sartén y cocina a fuego lento hasta que se dore por ambos lados.
4) Puedes untarlas con syrup de maple sin azúcar y bajo en calorías si gustas.

# Pancakes Proteicos de
## Banana

Ideal para el desayuno o cualquier principal. Es una comida completa, balanceada y nutritiva.

**Dificultad: Media**

## Ingredientes

6 claras de huevo.
15g leche descremada en polvo.
35g de avena en hojuelas.
1 banana de tamaño mediano.
5g polvo para hornear.
2 sobres de edulcorante artificial sin calorías (stevia). (O al gusto).
1 cucharadita de vainilla.

## Preparación

1) Licúa todos los ingredientes hasta obtener una mezcla homogénea.
2) Calienta una sartén antiadherente, úntala con un poco de aceite de oliva y espárcelo con una servilleta.
3) Agrega un poco de la mezcla al sartén y cocina a fuego lento hasta que se dore por ambos lados.
4) Puedes untarlas con syrup de maple sin azúcar y bajo en calorías si gustas.

# Pancakes de Batata

Ideal para el desayuno o cualquier principal. Es una comida completa, balanceada y nutritiva.

**Dificultad: Media**

## Ingredientes

180g de batata (camote o sweet potato).
6 claras de huevo.
5g polvo para hornear.
3 sobres de edulcorante artificial sin calorías (stevia). (O al gusto).
5g canela.
5g nuez moscada.
33g de whey protein (o caseína) de vainilla.

## Preparación

1) Licúa todos los ingredientes hasta obtener una mezcla homogénea.
2) Calienta una sartén antiadherente, úntala con un poco de aceite de oliva y espárcelo con una servilleta.
3) Agrega un poco de la mezcla al sartén y cocina a fuego lento hasta que se dore por ambos lados.
4) Puedes untarlas con syrup de maple sin azúcar y bajo en calorías si gustas.

# Muffins Proteicos de Garbanzos

Ideal para momentos de ansiedad y antojos, nutriendo al mismo tiempo. Cuenta como una merienda.

**Dificultad: Media**

# Ingredientes

240g de garbanzos cocidos.
35g de whey protein (o caseína) de chocolate (o del sabor de tu preferencia).
4 huevos.
5g de polvo de hornear.
3 sobres de edulcorante artificial sin calorías (stevia). (O al gusto).
2,5g de comino en polvo.

# Preparación

1) Precalienta el horno a 200 grados centígrados.
2) Licúa todos los ingredientes hasta obtener una mezcla homogénea.
3) Vierte la mezcla en moldes para muffins o cupcakes y hornea por 30-40 minutos.
4) Para tener la seguridad de que estén listos, al pasar los 30-40 minutos introduce un palillo de dientes en uno de los muffins. Éste debe salir seco.

# CupCakes de
## Calabacín y Chocolate

Ideal para momentos de ansiedad y antojos, nutriendo al mismo tiempo. Cuenta como una merienda. Puede ser un snack antes de entrenar.

**Dificultad: Media**

# Ingredientes

- 70g de avena en hojuelas.
- 2 huevos enteros y 2 claras adicionales.
- 1 calabacín de tamaño regular (promedio).
- 40g de cacao en polvo.
- 8 sobres de edulcorante artificial sin calorías (stevia). (O al gusto).

# Preparación

1) Precalienta el horno a 200 grados centígrados.
2) Licúa todos los ingredientes hasta obtener una mezcla homogénea. (Si la mezcla te queda muy espesa puedes agregarle un chorrito de leche descremada).
3) Vierte la mezcla en moldes para cupcakes y hornea a 200 grados centígrados durante 45 minutos.
4) Para tener la seguridad de que estén listos, al pasar los 45 minutos introduce un palillo de dientes en uno de los cupcakes. Éste debe salir seco.

# CupCakes Proteicos de Té de Jamaica

Ideal para momentos de ansiedad y antojos, nutriendo al mismo tiempo. Cuenta como una merienda. Puede ser un snack antes de entrenar.

Dificultad: Media

# Ingredientes

1 huevo entero y 3 claras de huevo.

140g de harina de avena (o 75g de harina de avena y 75g de harina de almendras).

35g de whey protein (o caseína) de chocolate.

5g polvo para hornear.

250ml té de Jamaica concentrado.

8 sobres de edulcorante artificial sin calorías (stevia). (O al gusto).

# Preparación

En una olla, pon a hervir una taza de agua. Una vez que hierva retírala del fuego y colócale dos bolsitas de té de Jamaica (si lo tienes en hojas coloca la cantidad necesaria para que quede bastante concentrado). Una vez listo deja que se enfríe.

2. Precalienta el horno a 200 grados centígrados.

3. En un bowl coloca los huevos, la harina, el polvo de hornear, la proteína, el té de Jamaica (verifica que ya esté a temperatura ambiente) y el edulcorante (puedes probar la mezcla para saber si requiere más edulcorante).

4. Licúa todos los ingredientes hasta obtener una mezcla homogénea.

5. Coloca la mezcla en moldes para cupcakes y hornea a 200 grados centígrados por 45 minutos aproximadamente. Para tener la seguridad de que estén listos, al pasar los 45 minutos introduce un palillo de dientes en uno de los cupcakes. Éste debe salir seco.

# Bizcocho de Banana

Ideal para momentos de ansiedad y antojos, nutriendo al mismo tiempo. Cuenta como una merienda. Puede ser un snack antes de entrenar.

Dificultad: Media

## Ingredientes

- 70g avena en hojuelas.
- 2 huevos enteros y 5 claras de huevo.
- 1 banana.
- 5g polvo para hornear.
- Una cucharadita de vainilla.
- Canela en polvo al gusto.
- 5-6 sobres de edulcorante artificial sin calorías (stevia). (O al gusto).

## Preparación

1) Precalienta el horno a 200 grados centígrados.
2) Licúa todos los ingredientes hasta obtener una mezcla homogénea. Vierte la mezcla en un molde previamente humectado con el aislante de tu preferencia y hornea a 200 grados centígrados durante 45 minutos aproximadamente.
3) Para tener la seguridad de que estén listos, al pasar los 45 minutos introduce un palillo de dientes en el bizcocho. Éste debe salir seco.

# Bizcocho de Té de Verde

Ideal para momentos de ansiedad y antojos, nutriendo al mismo tiempo. Cuenta como una merienda. Puede ser un snack antes de entrenar.

Dificultad: Media

# Ingredientes

- 2 huevos enteros y 2 claras de huevo.
- 105g de harina de avena.
- 80g de harina de almendras.
- 250ml de té verde concentrado.
- 5g de polvo para hornear.
- 5g de jengibre en polvo.
- 150g de yogur griego sin azúcar.
- 6-7 sobres de edulcorante artificial sin calorías (stevia). (O al gusto).

# Preparación

1) En un a olla, pon a hervir una taza de agua. Una vez que hierva retírala del fuego y colócale dos bolsitas de té verde (si lo tienes en hojas coloca la cantidad necesaria para que quede bastante concentrado). Una vez listo, deja que se enfríe.
2) Precalienta el horno a 200 grados centígrados.
3) Licúa todos los ingredientes hasta obtener una mezcla homogénea. Vierte la mezcla en un molde previamente humectado con el aislante de tu preferencia y hornea a 200 grados centígrados durante 45 minutos.
4) Para tener la seguridad de que estén listos, al pasar los 45 minutos introduce un palillo de dientes en el bizcocho. Éste debe salir seco.

# Tortica de Zanahoria

Ideal para momentos de ansiedad y antojos, nutriendo al mismo tiempo. Cuenta como una merienda. Puede ser un snack antes o después de entrenar.

Dificultad: Media

# Ingredientes

- 2 huevos enteros y 4 claras de huevo.
- 80g de harina de almendras o de avena.
- 125ml de leche descremada o de almendras.
- 1 zanahoria de tamaño regular (promedio).
- 5g polvo para hornear.
- 4-6 sobres de edulcorante artificial sin calorías (stevia). (O al gusto).
- Canela en polvo al gusto.
- 15g de nueces (opcional).

# Preparación

1) Precalienta el horno a 200 grados centígrados.
2) Licúa todos los ingredientes hasta obtener una mezcla homogénea. Vierte la mezcla en un molde previamente humectado con el aislante de tu preferencia y hornea a 200 grados centígrados durante 45 minutos.
3) Para tener la seguridad de que estén listos, al pasar los 45 minutos introduce un palillo de dientes en la torta. Éste debe salir seco.

# Torta Proteica al Microondas

Ideal para momentos de ansiedad y antojos, nutriendo al mismo tiempo. Cuenta como una merienda. Puede ser un snack antes de entrenar.

**Dificultad: Baja**

# Ingredientes

1 huevo y 2 claras de huevo.
1 banana.
80g de harina de avena.
* 125ml de leche descremada o de almendras.
* 35g de whey protein sabor a vainilla o cookies and cream.
* 4-6 sobres de edulcorante artificial sin calorías (stevia). (O al gusto).
* Vainilla al gusto.
* Canela en polvo al gusto.

# Preparación

1) En un bowl mezcla todos los ingredientes.
2) Cocina en el microondas de 4 a 5 minutos.

# Torta Proteica de Café al Microondas

Ideal para momentos de ansiedad y antojos, nutriendo al mismo tiempo. Cuenta como una merienda. Puede ser un snack antes de entrenar.

**Dificultad: Baja**

# Ingredientes

- 1 huevo y 2 claras de huevo.
- 60ml de café tipo expresso.
- 60g de harina de avena.
- 35g de whey protein sabor a chocolate.
- 2-4 sobres de edulcorante artificial sin calorías (stevia). (O al gusto).

# Preparación

1) En un bowl mezcla todos los ingredientes.
2) Cocina en el microondas de 4 a 5 minutos.

# Brownie de Banana Light

Ideal para momentos de ansiedad y antojos, nutriendo al mismo tiempo. Puede ser un snack antes de entrenar.

Dificultad: Media

# Ingredientes

2 bananas de tamaño regular (promedio).
200g de chocolate oscuro sin azúcar.
15g de cacao en polvo.
60g de harina de avena.
5g de polvo para hornear.
2 huevos enteros y 3 claras de huevo.
4-6 sobres de edulcorante artificial sin calorías (stevia). (O al gusto).

# Preparación

1) Precalienta el horno a 200 grados centígrados.
2) En una olla, derrite el chocolate con un chorrito de agua a fuego lento.
3) Machaca las bananas con un tenedor.
4) En un bowl bate los huevos, luego agrega las bananas, el chocolate previamente derretido, el cacao en polvo, la harina de avena, el polvo de hornear y el edulcorante. Bate todo por unos minutos hasta obtener una mezcla homogénea.
5) Coloca la mezcla en un molde previamente humectado con el aislante de tu preferencia, hornea a 200 grados centígrados por 30 minutos aproximadamente.

# Crispeta de Durazno

Ideal para momentos de ansiedad y antojos. Puede ser un snack antes de entrenar.

**Dificultad: Media**

**Ingredientes**

## Para la base:

90g leche descremada en polvo.
90g harina de avena o de almendras.
60g mantequilla de maní.
1 huevo.

## Para la cubierta:

- 6 duraznos.
- 6 sobres de edulcorante artificial sin calorías (stevia). (O al gusto).
- Canela en polvo al gusto.

**Preparación**

1) Precalienta el horno a 200 grados centígrados.
2) En un molde vierte todos los ingredientes de la base, la leche en polvo, la harina de avena (o de almendras), la mantequilla de maní y el huevo, mezcla con las manos todos los ingredientes hasta obtener una mezcla homogénea. Debe quedar con un aspecto granulado y un poco húmeda.
3) En un bowl aparte, coloca los duraznos. Agrega el edulcorante a tu gusto y un toque de canela, revuelve bien y viértelos sobre la base anterior.
4) Hornea a 200 por 30 minutos aproximadamente.

# Galletas de Avena y Pasas

Ideal para momentos de ansiedad y antojos. Puede ser un snack antes de entrenar

**Dificultad: Media**

# Ingredientes

1 huevo entero y 3 claras de huevo.
70g avena en hojuelas.
15g de pasas.
6 sobres de edulcorante artificial sin calorías (stevia). (O al gusto).

# Preparación

1) Precalienta el horno a 200 grados centígrados.
2) Mezcla con una paleta todos los ingredientes en un bowl hasta obtener una masa consistente.
3) En una bandeja, coloca con una cucharadita poco a poco esta masa para ir formando tus galletas. Puedes también hacerla con tus manos y darle la forma de tu preferencia.
4) Hornea a 200 grados centígrados por 30 minutos aproximadamente.

# Galletas de Banana

Ideal para momentos de ansiedad y antojos. Puede ser un snack antes de entrenar.

**Dificultad: Baja**

**Ingredientes**

3 bananas maduras de tamaño regular (promedio).
70g avena en hojuelas.

**Preparación**

1) Precalienta el horno a 200 grados centígrados.
2) Mezcla con una paleta todos los ingredientes en un bowl hasta obtener una masa consistente.
3) En una bandeja, coloca con una cucharadita poco a poco esta masa para ir formando tus galletas. Puedes también hacerla con tus manos y darle la forma de tu preferencia.
4) Hornea a 200 grados centígrados por 30 minutos aproximadamente.

# Galletas de Coco

Ideal para momentos de ansiedad y antojos. Puede ser un snack antes de entrenar.

Dificultad: Media

# Ingredientes

150g de harina de arroz.
35g de coco rallado.
2 huevos enteros.
½ cucharadita de bicarbonato de sodio.
5g polvo para hornear.
1 cucharadita de vainilla.
6 sobres de edulcorante artificial sin calorías (stevia). (O al gusto).

# Preparación

1)  Precalienta el horno a 200 grados centígrados.
2)  Mezcla con una paleta todos los ingredientes en un bowl hasta obtener una masa consistente.
3)  En una bandeja, previamente humectada con aceite de oliva, coloca la masa con una cucharadita poco a poco para ir formando tus galletas. Puedes también hacerla con tus manos y darle la forma de tu preferencia.
4)  Hornea a 200 grados centígrados por 30 minutos aproximadamente.

# Bolitas de Maní

Ideal para momentos de ansiedad y antojos. Puede ser un snack antes de entrenar.

**Dificultad: Media**

# Ingredientes

150g harina de arroz.
1 huevo entero y 2 claras de huevo.
45g de mantequilla de maní.
125ml de leche descremada.
5g polvo para hornear.
3 sobres de edulcorante artificial sin calorías (stevia). (O al gusto).

# Preparación

1) Precalienta el horno a 200 grados centígrados.
2) Mezcla con una paleta todos los ingredientes en un bowl hasta obtener una masa consistente.
3) En una bandeja, coloca con una cucharadita poco a poco esta masa para ir formando tus galletas. Puedes también hacerla con tus manos y darle la forma de tu preferencia.
4) Hornea a 200 grados centígrados por 30 minutos aproximadamente.

# CheeseCake Fit

Ideal para momentos de ansiedad y antojos, nutriendo al mismo tiempo. Cuenta como una merienda. Puede ser un snack antes de entrenar.

**Dificultad: Alta**

# Ingredientes

**Para la base:**

70g harina de avena.

90g de leche en polvo descremada.

50g de mantequilla de maní.

1 huevo entero.

125ml de leche descremada.

**Para el relleno:**

* 2 huevos enteros y 4 claras de huevo.
* 200g de yogur griego sin azúcar.
* 200g de queso ricota sin sal.
* Vainilla al gusto.
* 8 sobres de edulcorante artificial sin calorías (stevia). (O al gusto).

**Para la cubierta:**

* Utilizar mermelada sin azúcar al gusto (ver receta en página 14).

# Preparación

1) **Para la base:** En un bowl mezcla todos los ingredientes de la base hasta obtener una mezcla homogénea, colócala en un molde ayudándote con las manos.

2) **Para el relleno:** En un recipiente, bate la yema de los huevos junto al queso y al yogur, agrégale un chorrito de vainilla y los sobres de edulcorante. Bate en otro contenedor las claras a punto de nieve y luego agrégalas a la mezcla anterior con una paleta de madera realizando movimientos envolventes.

3) Coloca esta mezcla sobre la base y hornea (preferiblemente a baño de María) a 200 grados centígrados por 45 minutos (la capa superficial debe quedar seca pero por dentro un poco húmeda. Coloca un palillo de dientes para comprobar. Éste debe no debe salir completamente seco sino medio húmedo).

4) Una vez que se enfrié colócale la mermelada por encima y refrigera.

# Pie de Limón **Light**

Ideal para momentos de ansiedad y antojos. Puede ser un snack antes de entrenar.

Dificultad: Alta

# Ingredientes

**Para la base:**
- 70g de harina de avena.
- 90g leche descremada en polvo.
- 40g de mantequilla de maní.
- 1 huevo entero.
- 65ml de agua.

**Para el relleno:**
- 4 yemas de huevo.
- 300g de yogur griego sin azúcar.
- 125ml de jugo de limón.
- 3 sobres de edulcorante sin calorías (stevia).
- Vainilla al gusto.
- 1 cucharada de maicena.

**Para el merengue:**
- 2 claras de huevo.
- 3 sobres de edulcorante sin calorías (stevia

# Preparación

1) En un bowl mezcla todos los ingredientes de la base hasta obtener una mezcla homogénea, colócala en un molde ayudándote con las manos. Puedes humedecer tus manos con agua para que sea más fácil colocar la mezcla en el fondo del molde.
2) En un bowl aparte, bate todos los ingredientes del relleno hasta obtener una mezcla homogénea un poco espesa. Vierte esta mezcla sobre la base que realizaste previamente y hornea a 200 grados centígrados por 25 minutos.
3) Mientras esto se hornea, realiza el merengue, bate las claras a punto de nieve, agrégale el edulcorante y la vainilla al gusto.
4) Una vez que esté listo el pie, déjalo enfriar unos minutos y colócale el merengue por encima. Refrigera por aproximadamente 3 horas.

# Marquesa de Chocolate Light

Ideal para momentos de ansiedad y antojos, nutriendo al mismo tiempo. Puede ser un snack antes de entrenar.

Dificultad: Baja

# Ingredientes

- 200g de chocolate oscuro 70% de cacao aproximadamente.
- 200g de galletas maría (preferiblemente integrales).
- 30g de mantequilla de maní.
- 500ml de leche descremada o de almendras.
- 35g de whey protein o caseína de chocolate (opcional).
- 6 sobres de edulcorante artificial sin calorías (stevia). (O al gusto).

# Preparación

1) En un olla, derrite el chocolate con la mantequilla de maní y un poquito de agua, a fuego lento.
2) Agrega la leche, el whey protein, el edulcorante y revuelve hasta tener una mezcla homogénea y consistente.
3) En un molde coloca una capa de galletas maría y por encima una capa de la mezcla, repite el mismo procedimiento hasta que tengas varios estratos (por lo menos dos o tres estratos).
4) Refrigera por aproximadamente 3 horas.

# Marquesa de Limón Light

Ideal para momentos de ansiedad y antojos, nutriendo al mismo tiempo. Puede ser un snack antes de entrenar.

**Dificultad: Baja**

## Ingredientes

- 2-3 limones (o al gusto).
- 200g galletas maría preferiblemente integrales.
- 300g yogur griego sin azúcar.
- 8 sobres de edulcorante artificial sin calorías (stevia).
  (O al gusto).

## Preparación

1) Mezcla el yogur con los limones y el edulcorante hasta obtener una mezcla homogénea.
2) En un molde coloca una capa de galletas maría y por encima una capa de la mezcla de limón, repite el mismo procedimiento hasta que tengas varios estratos (por lo menos dos o tres estratos).
3) Refrigera por aproximadamente 3 horas.

★ ★ ★ ★ ★

# Arroz con Leche **Light**

Ideal para momentos de
ansiedad y antojos, nutriendo
al mismo tiempo. Puede ser
un snack antes de entrenar.

**Dificultad: Media**

# Ingredientes

- 160g de arroz integral.
- 500ml de agua.
- 1L de leche descremada.
- 80g whey protein o caseína de vainilla.
- 6 sobres de edulcorante artificial sin calorías (stevia). (O al gusto).
- Canela en polvo al gusto.
- Cáscara de naranja al gusto.

# Preparación

1) Pon el arroz a hervir en al agua. Una vez que esté casi secándose, agrega la leche, la proteína de vainilla, la cáscara de naranja, la canela y el edulcorante al gusto.
2) Deja que todo se cocine a fuego lento. Revuelve constantemente para evitar que el arroz se adhiera al fondo de la olla.
3) Una vez que todo espese y el arroz esté totalmente cocido, puedes retirarlo del fuego.
4) Cuando esté listo, deja enfriar a temperatura ambiente y refrigera por aproximadamente 3 horas.

**Nota:** Las recetas, preparaciones y recomendaciones contenidas en este libro no buscan tratar ninguna enfermedad ni sustituir la consulta y revisión médica que pueda necesitar quien lo lea. Cada persona debe asistir a consulta con su médico especialista para que evalúe su condición de salud y lo autorice a iniciar cualquier plan de dieta o preparación de comidas. Los autores no asumen ninguna responsabilidad por el uso que den los lectores a los contenidos del presente libro.

Made in the USA
Las Vegas, NV
29 March 2021